Überwachungswahn

...wie umgehen ??

‚Herr Meier'

WIDMUNG

Gewidmet Allen, die gegen eine unsägliche Überwachung kämpfen möchten.

INHALT

DANKSAGUNG

Danke allen Lesern für das Interesse und den Erwerb dieses Büchleins.

Warum Überwachung? Warum die Angst vor dem eigenen Volk?

Die Französische Revolution von 1789 bis 1799 sollte die damals herrschende Klasse im Namen von Gleichheit, Freiheit und Brüderlichkeit hinwegfegen und den Menschen gewisse Grundrechte verschaffen.

Die Oktoberrevolution von 1917 läutete das Ende der zaristischen Autokratie ein und versprach im Prinzip ein Gleiches.

Die Machthaber von Heute gründen ihren Rechtsanspruch auf eben diese Macht auf den Geschehnissen dieser Revolutionen.

Diese wären: Ermordung bzw. Entzug der Freiheit der damals rechtmäßigen Machtinhaber und Aneignung dieser Macht mit gewalttätigen Mitteln.

In unserer Zeit verhalten sich die jetzigen Machthaber um nichts anders als es der damalige Adel tat und fürchten nun natürlich zu Recht, dass sich die Bevölkerungen die gleichen Rechte nehmen, wie die Volker der damaligen Zeiten und mit Gewalt für eine Änderung der Verhältnisse sorgen, da dies ja eigentlich durch die Tatsache der jetzigen Machtverhältnisse automatisch legitimiert sein müsste.

So, um einer (meiner Ansicht nach dennoch unabwendbaren) Revolution zuvorzukommen, unternehmen die Machthaber alles, das Volk an die Kandare zu nehmen.

Dazu gehören:

Desinformation. Durch Zurückfahren der schulischen Bildung, durch Falschinformationen über eine hörige Medienwelt. Durch willkürlich gesetzte Prioritäten im täglichen Leben sowie der Politik.

Angstmache. Durch gebetsmühlenhafte Beschreibungen von angeblichen Gefahren, welche der Bevölkerung aus den eigenen Reihen sowie durch ausländische Kräfte drohen. Kriegsszenarien werden entworfen und wiedergekäut, bis alles tief im Inneren der Menschen verankert ist und diese sich von der 'Obrigkeit' geschützt fühlen und somit von dieser abhängig sind.

Überwachung. Um zu gewährleisten, dass alle angewandten Mittel greifen, **bedarf** es natürlich einer allumfassenden Überwachung.

Das wirklich Schmähliche ist dabei, dass man den Menschen erfolgreich einredet, dies wäre zum Besten der Bevölkerung selbst und diene nur zu ihrem Schutz. So werden auch unterschiedliche Volksgruppen gegeneinander ausgespielt und aufgehetzt nach dem Prinzip: **Teile und herrsche.** Der Gedanke: Wenn die Bevölkerung mit und gegen sich selbst beschäftigt ist, wird sie uns eher in Ruhe lassen und nicht mehr nach dem wahren Schuldigen für eine Misere suchen.

Selbstverständlich gab und gibt es immer Köpfe, welche dieses Spiel durchschauen und alles daran setzen, die Menschen richtig zu informieren. Dies nun soll und muss von den Machthabern unterbunden werden durch genannte Überwachung und in Folge Unschädlichmachung der 'Übeltäter'.

Wer überwacht?

Die Antwort auf diese Frage scheint klar: **Behördenvertreter wie Polizei und private Sicherheitsdienste.** Doch verhalten sich die Dinge nicht so einfach, denn aufgrund von Gesetzen, welche Behörden ermächtigen, überall und jederzeit Zugriff auf Daten zu erhalten, kann jeder Schuhverkäufer oder Gondelbahn-Betreiber zu den Überwachenden gerechnet werden. Ja, jeder Eisverkäufer, der Ihre Scheckkarte oder sonstige Bankkarte akzeptiert. Der Telefon-Betreiber, bei dem Sie Ihr Handy angemeldet haben, wird Belege dafür ausgraben, dass Sie an jenem und diesem Tag nicht bei Ihrer Tante Elfriede in Bielefeld zu Gast waren, sondern an einer gewalttätigen Demonstration in München teilgenommen haben.

Auch Banken, Geschäfte und andere Instanzen, welche an Gebäuden, in Tiefgaragen, öffentlichen Plätzen oder wo auch immer, Kameras installiert haben, helfen letztendlich mit, Sie immer im Blick zu behalten und so bei Bedarf ein lückenloses Bewegungsprofil erstellen zu können.

Das ist selbstverständlich von Vorteil im Hinblick auf kriminelle Zeitgenossen, die etwa Ihren teuren Wagen gestohlen haben und solcherart ausfindig gemacht werden können, doch hält sich eigenartigerweise die Erfolgsquote der Polizei bei solchen Delikten doch sehr in Grenzen, besonders was die Quote bei Wohnungseinbrüchen betrifft.

Dies ist wohl auch einer der Punkte, an dem sich die Geister (zu Recht?) scheiden. Kann, darf, soll Überwachung sein, um kriminellen Elementen zu begegnen? Haben wir das Recht, zu sagen, wir wollen keine Überwachung, egal was auch immer geschieht? Falls doch Überwachung, wo, wie und wie weit darf diese dann sein und gehen? Wer darf letztendlich dann Gebrauch von den so ermittelten und übermittelten Daten machen und wofür dürfen und sollen sie verwendet werden? Ist es zu akzeptieren, dass solche Daten gespeichert werden und wenn ja, für welchen Zeitraum und welchen Zweck?

Ohne diese Fragen für Sie beantworten zu können und auch zu wollen, möchte ich hier an dieser Stelle sagen:

„Machen wir uns jeder seine eigenen Gedanken zu diesem Thema und kommen wir überein, dass es in gewissen Bereichen des öffentlichen Lebens notwendig sein kann, zum Schutz unserer Mitbürger eine Überwachung stattfinden zu lassen. Kommen wir ebenfalls überein, dass dies jedoch keine Auswüchse annehmen darf, wie dies einige heutige Politiker gerne hätten und das öffentliche Leben mit solchen Überwachungen gerne auf den intimsten privaten Bereich ausdehnen möchten."

Arten der Überwachung

Kommen wir zu den unterschiedlichen Arten, mit welchen eine Überwachung von Personen (denn darum geht es hier) stattfinden kann. Selbstverständlich kann ich hier nur von den uns bereits bekannten Möglichkeiten zur Überwachung schreiben, da die Überwacher dumm wären, uns wirklich Kenntnis über alle ihre Möglichkeiten zu vermitteln.

Auf der anderen Seite freilich besteht für mich Anlass, zu glauben, dass vieles, wovon Behörden behaupten, in der Lage zu sein, so uneingeschränkt nicht geglaubt werden kann. Mag es schiere Wichtigtuerei sein, mag es sein, dass dem 'einfachen Volk' die **Allmacht der Behörden** eingeimpft werden soll, wir können ohnehin nur über die Dinge sprechen, von denen wir Kenntnis haben und wir können versuchen, eine Überwachung dieser Dinge in Grenzen zu halten.

Dass es uns nicht gelingen kann, absolut einer Überwachung zu entgehen, steht außer Frage, denn was wollen wir beispielsweise gegen Überwachungs-Kameras im öffentlichen Raum unternehmen? Ihre Linsen mit Farbe besprühen, sie mutwillig aus ihrer Verankerung reißen und zerstören? Das wäre nur infantiles Verhalten, denn einige Tage später wäre der Schaden behoben und es gäbe nur einen Grund mehr, uns zu überwachen. Freilich könnte man Störsender positionieren, doch wären auch diese früher oder später unschädlich gemacht. Ebenso wird man auch eine Observation nicht zur Gänze verhindern, sondern wird im klügsten Falle immer nur den Schaden begrenzen können.

Darum sollten wir uns bei unserer Frage nach den Arten der Überwachung auf solche in unserem persönlichen Bereich beschränken und nicht uns und Anderen einreden, ein Kampf gegen Windmühlen-Flügel sei sinnvoll oder besonders intelligent. (Als Beispiel dafür, was ich damit meine, möge die Verschlüsselung von Daten herhalten. Früher oder später wird immer wieder eine neue Verschlüsselung geknackt sein, so dass ich niemals wissen kann, wie lange meine verschlüsselten Daten sicher sind. Was tue ich also? - Ich kann mir eigene Arten der Verschlüsselung einfallen lassen, doppelt und dreifach verschlüsseln oder die Überwacher einfach mit der Verschlüsselung von belanglosen Daten beschäftigen und somit 'müde machen'. Es mag ein Jeder für sich selbst überlegen, was in seinem speziellen Fall wohl sinnvoller ist.)

Nun zu den verschiedenen Arten der Überwachung:

Abhör-Schnittstellen für Behörden. Für Kommunikationsdienste wie Telefon, Internet, Mail und Fax existieren gesetzlich vorgeschriebene und ganz automatisch ablaufende Schnittstellen für eine gezielte Überwachung, welche in der **'Verordnung über die technische und organisatorische Umsetzung von Maßnahmen zur Überwachung der Telekommunikation (Telekommunikations-Überwachungsverordnung – TKÜV'** klar geregelt sind.

Dies bedeutet in einfachen Worten, wie bereits weiter oben erwähnt, dass Ihr Anbieter für Telefon und Internet auf Anfrage relevante Daten (Ihre Kommunikation betreffend) preisgeben muss und auch wird. Weiter gilt das oben gesagte für Suchmaschinen im Internet, welche auch zum Teil übermäßig Daten speichern und so Bewegungsprofile erstellen können, indem später Behörden Ihre Surfgewohnheiten anhand der gespeicherten Daten auslesen können. Kurz gesagt: Ihre sämtliche im Netz stattfindende Kommunikation kann und wird auf diese Weise überwacht, falls Sie sich nicht dazu durchringen, etwas dagegen zu unternehmen.

Richtmikrofone und 'Wanzen'. Erstere werden zum akustischen Abhören über eine größere Distanz verwendet, letztere vorzugsweise in geschlossenen Räumen wie Büros oder Wohnungen.

Beide Maßnahmen sollten wohl eher in speziellen Fällen zur Anwendung kommen, doch sollte man für die Zukunft bei Fortentwicklung der entsprechenden Technik auch mit einer rein präventiven Anwendung dieser Art von Überwachung rechnen.

Peilsender (GPS) Miniatur-Ausgaben solcher Sender werden frei verkauft und können somit nicht nur von Behörden, sondern auch von Privat-Personen angewendet werden.

'Honey-Pots' oder WLAN- und IMSI-Catcher. Hierbei handelt es sich um Fallen für Handys, die sich an einer imitierten 'Funkzelle' einloggen sollen und somit das Abhören des Datenverkehrs ermöglichen. (Telefongespräche oder Internetübertragung)

Kameras. Eine Anbringung von Überwachungskameras ist auf vielfältigste Art und Weise möglich. So seien genannt Kameras an Gebäuden, Brücken, Flugzeugen (auch Drohnen). Diese funktionieren auch als Infra-Rot oder Wärmebild-Kameras.

Mini-Kameras können praktisch an den 'unmöglichsten' Stellen angebracht sein und sind mit dem bloßen Auge meist nicht zu entdecken.

Trojaner (Im Falle, dass Behörden diese einsetzen,'Staatstrojaner' genannt). Diese Programme werden ohne Ihr Wissen und damit gegen Ihren Willen auf Ihren Computer gebracht, wo sie die Aufgabe haben, alles, was Sie über Ihren Computer laufen lassen, aufzuzeichnen und an eine entsprechende staatliche Stelle zu übermitteln.

RFID-Chips (radio-frequency identification). Hierbei handelt es sich um Sender im Millimeter-Bereich, die keine eigene Energiequelle besitzen, sondern diese aus den Mitteln des gebrauchten Senders beziehen. Ein ebensolcher Chip ist auch in die neuen elektronischen Personalausweise integriert.

Funkzellen für Handys. Bekanntlich werden Daten der Mobilfunk-Anbieter über Auswertung der Funkzellen gespeichert und bei Bedarf Behörden wie Polizei etc. zur Verfügung gestellt.

Wie kann ich mich schützen?

Dies ist die Kardinalfrage, welche sich heute wohl eher noch eine Minderheit fragt, doch wird aus dieser Minderheit mit Sicherheit eine Mehrheit werden, wenn der Druck der staatlichen Überwachung stärker und stärker wird. Dass dies der Fall sein wird, steht für mich außer Zweifel, denn reale und noch mehr vorgeschobene Gefahren werden dem Bürger immer mehr ins Bewusstsein gebracht, was letztendlich nur einen Sinn und Zweck haben kann: Überwachung.

Die Gründe für eine solche Überwachung mögen dahingestellt sein (meine Meinung dazu habe ich bereits weiter oben kundgetan) und ein Jeder mag selbst darüber nachdenken, doch auch nachdenken sollte man über die Wege, wie sich der Einzelne dagegen schützen kann.

Ich möchte darauf hinweisen, dass ich **weder Hellseher noch Prophet** bin und somit nicht mit einem Allheilmittel aufwarten kann, da ich etwa in die Zukunft schauen und exakt bestimmen kann, was noch kommen wird und wie man die Welt davor bewahrt.

Was ich mit diesem Buch bezwecke, ist Folgendes: Ich möchte Ihnen klar vor Augen führen, dass es eine staatliche Überwachung in extremem Ausmaß gibt und geben wird und ich möchte Ihnen zeigen, dass Sie nicht ganz hilflos dagegen sind und nicht die Hände in den Schoß legen mögen und denken: **'Ach, ich kann ja eh nichts ändern.'** Denken Sie daran: **Viele Ameisen bauen eine Brücke über den Fluss.**

Da ich selbstverständlich nicht weiß, wer im einzelnen dieses Buch lesen wird, möchte ich auch auf etwas exotischere Arten der Überwachung eingehen, doch werde ich mich ohnehin möglichst kurzfassen. Vermutlich werden die wenigsten Menschen durch Abhörmethoden mit Richtantennen etc. betroffen sein, doch da dieses Buch nun einmal um diverse Methoden der Überwachung geht, soll keine bekannte Methode zu kurz kommen. Was uns gleich zur ersten Methode bringt:

Optische Systeme, Laser-Mikrofone, Richt-Mikrofone:

Man unterschätzt gerne die Überwachungseffizienz eines optischen Geräts wie einer Kamera mit Teleobjektiv. Dabei ist schon ein solches handelsübliches Gerät, das nicht unbedingt in der 'Profi-Klasse' angesiedelt sein muss, in der Lage, nicht nur Personen im Freien zu überwachen, sondern kann durchaus im Inneren eines Hauses, entsprechenden Standort vorausgesetzt, beispielsweise die Dinge auf einem Computer-Monitor erkennen und dokumentieren.

Optisches System:

Schutz gegen eine Überwachung durch ein optisches System gibt es nur, indem man ein Hindernis zwischen das überwachende Objekt und sich selbst beziehungsweise das zu überwachende Objekt bringt. Dazu muss man sich selbstverständlich zunächst der Möglichkeit überhaupt bewusst werden oder den Überwacher bemerken. Ein simpler dunkler Vorhang oder ein Rollo genügt in der Regel, sich gegen solch optische Systeme zu schützen.

(Geheimdienste sollen im Besitz von Techniken sein, welche keinen direkten Blick auf das zu überwachende Objekt benötigen, sondern schon durch die Spiegelung des Auges eines Betrachters genügend Material extrahieren, um der Überwachung Genüge zu tun).

Laser-Mikrofone:

Ein Laser-Mikrofon nutzt die Vibration beispielsweise einer Fensterscheibe, um das gesprochene Wort in einem Raum aufzufangen. Die 'Schwierigkeit' für den Angreifer besteht hier darin, dass die Einrichtung etwas kompliziert verläuft, da Eintrittswinkel und Austrittswinkel des Strahls (gleicher Winkel) gefunden werden müssen. Ein weiteres Manko für diese Art der Überwachung sind Fremd- bzw. Außengeräusche, welche ebenfalls auf diese Fensterscheibe treffen und von ihr auch weitergegeben werden.

Schutz bilden hier begrenzt Thermofenster, welche mehrere Lagen Vakuum enthalten, dicke, dämpfende Vorhänge und andere Mittel, die eine Vibration von Fensterglas verhindern.

Richt-Mikrofone:

Wenig effizient ist im Grunde diese Überwachung, da sie auf die natürliche Ausbreitung des Schalls setzt und lediglich in der Lage ist, unliebsame Beigeräusche auszufiltern, um zu dem gewünschten Geräusch zu kommen. Schon ein stärkerer Wind etwa setzt dieser Technik weitere Grenzen, wobei alleine die Form herkömmlicher Richtmikrofone mit ihrer 'Schüssel' schon recht augenscheinlich ist und **leicht entdeckt** werden kann.

Allerdings existieren moderne, computerbasierte Systeme, bei welchen mehrere Mikrofone in Abständen von 25 bis 75 Zentimetern aufgebaut werden.

Funk-Wanzen (konventionell):

Herkömmliche Funk-Wanzen verwenden oftmals leichtsinnigerweise die UKW-Frequenz von 87,5 Mhz bis 108 Mhz, so dass ein Radio ausreichend ist, die Aufnahmen der Wanzen abzuhören. Dies ermöglicht natürlich zufälligen Mithörern in diesem Bereich, von dem Abgehörten Kenntnis zu nehmen.

Deshalb weicht ein Profi eher auf den UHF-Bereich von 300 Mhz bis 3 Ghz aus, auch wenn dies ungleich komplexer in der Konstruktion der Sender sein mag. Der KW-Bereich von 3 bis 30 Mhz findet aufgrund des Bedarfs an deutlich längeren Antennen entsprechend seltener Anwendung.

Eingeschränkter Einsatz dieser Methode bedingt durch:

Die Reichweite, welche im Schnitt 30 bis 250 Meter betragen kann. Um den Stromverbrauch einer herkömmlichen Wanze nicht ins Unendliche zu steigern und somit eine Entdeckung durch die entstehende Abwärme zu erleichtern, kann die Sendeleistung nur beschränkt erhöht werden. Dies bedeutet, dass die Überwacher ihren Standort nicht allzu weit vom überwachenden Objekt entfernt einnehmen.

Ortung: Eine Ortung solcher Wanzen hängt von Art und Qualität derselben ab. So wird die Billig-Variante, die permanent im UKW-Bereich sendet, schon durch einen Allband-Empfänger entdeckt, wohingegen Wanzen mit sogenannter **VOX-Funktion** schon schwieriger zu orten sind. **Fernbediente Wanzen (BURST)** können lediglich durch teure, spezielle Geräte oder manuelle Suche entdeckt werden.

(VOX-Wanzen beginnen mit einer Aufzeichnung erst, wenn im Raum ein Gespräch begonnen wird, BURST speichert gar die Gespräche und gibt diese zu bestimmtem Zeitpunkt in einem jähen Ausbruch weiter).

Wanzen mit Laser-Technik:

Diese Wanzen arbeiten nicht mit üblichen Funksignalen, sondern senden Daten per unsichtbarem Infrarot-Strahl (evtl. Laser), was eine Entdeckung ungleich schwieriger macht.

Ferngesteuerte Wanzen:

Auch diese Wanzen sind sehr schwer zu entdecken, da sie durch Fernsteuerung abgeschaltet werden können, was allerdings ein Wissen des Abhörenden über zeitliche Gewohnheiten des Abzuhörenden voraussetzt.

Lokal untergebrachte Aufzeichnungs-Medien:

Systeme, welche an Ort und Stelle aufzeichnen, bedingen der

Voraussetzung, dass der Abhörende physischen Zugang zum abzuhörenden Ort hat, um das Medium von Zeit zu Zeit auszutauschen und somit die Aufzeichnung abhören zu können. Solche Orte sind in der Regel Büros. Spezielle Verstecke für derlei Aufzeichnungsgeräte können hohle Nischen, abgehängte Decken, Kabelschächte usw. sein.

Moderne, digitale Geräte mit Micro-SD-Karte können beispielsweise in Druckern oder gar Shreddern verborgen werden, wo sie jedes Blatt vor der Vernichtung scannen und fotografieren.

Es ist schwierig, solche digitalen Geräte mit elektronischen Analysegeräten aufzuspüren, so dass verstärkt auf Sicht nach ihnen gesucht werden muss.

Kabelgebundene Systeme:

Vielleicht öfter als vermutet, greifen versierte Abhör-Spezialisten auf kabelgebundene Systeme zurück. Diese können mit Allband-Empfängern nicht geortet werden und haben den Vorteil, bei bereits vorhandenen Telefon- oder Netzwerkleitungen sowie Leitungen von Alarmanlagen untergebracht werden zu können.

Einzig, wenn eine solche Wanze, sei es Mikrofon oder Kamera, in einem Bereich ohne weitere elektronische Bauteile untergebracht ist, kann diese mit sogenannten **NLJ-Detektoren (Non-Linear-Junction)** aufgespürt werden. Ansonsten ist wieder visuelle Sichtung mit langwieriger Suche angesagt.

Körperschall-Mikrofon, Stethoskop-Mikrofon:

Beim Körperschall-Mikrofon werden Wasser-, Gas- oder auch Heizungsrohre, die vom abzuhörenden Raum kommen, benutzt, um ihre durch menschliche Stimmen verursachte Schwingungen auszulesen.

Ähnlich arbeitet auch das Stethoskop-Mikrofon, welches an massiven Gegenständen wie Mauern, Türen oder Fensterrahmen mit Kontakt zum abzuhörenden Raum angebracht wird.

Diese Art der Überwachung kann **nicht mit elektronischen Mitteln erkannt** werden!

Angriffe gegen Mobil-Telefone:

Alleine aufgrund der hohen Anzahl an Mobil-Telefonen (Handys) sind diese ein lohnendes Ziel für etwaige Angreifer geworden, zumal ein solches Gerät nicht mehr nur zum bloßen Telefonieren gedacht ist, sondern auch Verwendung zum Versenden von E-Mails, Surfen, Chatten und so weiter findet.

Kaum noch angewandtes Mittel von Geheimdiensten war ein Akku, in welchen eine Wanze eingebaut war, die ihre Energie über das Handy selbst beziehen konnte, doch auch den Nachteil hatte, dass sie allzu leicht zu orten war und außerdem nur über eine sehr begrenzte Reichweite verfügte.

IMSI-Catcher. (International Mobile Subscriber Identity -IMSI)

Ein IMSI-Catcher simuliert eine Mobilfunk-Zelle des eigenen Netz-Betreibers und fordert das Handy durch seine 'Stärke' auf, sich gerade hier einzuloggen, so dass das 'Imitat' in der Lage ist, die weitere Kommunikation mit der Mobilfunk-Zentrale zu übernehmen. Ermöglicht wird dies durch die Tatsache, dass sich ein Mobilfunk-Gerät zwar bei der Zentrale, diese sich jedoch nicht bei einem Gerät authentifizieren muss.

Der nächste Schritt besteht darin, dass das 'Imitat' den Anschein erweckt, keine Verschlüsselung zu unterstützen und somit das Handy veranlasst, nunmehr die Kommunikation unverschlüsselt zu führen.

Damit ist dem Angreifer die Möglichkeit gegeben, die Kommunikation abzuhören und zu speichern.

Bemerkenswert dazu ist, dass ein IMSI-Catcher die so unverschlüsselten Gespräche nicht auch unverschlüsselt weitergeben kann, denn ein Mobilfunk-Gerät kann sich zwar von seiner Basis-Station sagen lassen, unverschlüsselt zu senden, dies jedoch nicht aus eigenem Anlass tun. Somit benötigt der IMSI-Catcher eine eigene SIM-Karte, um die abgehörten Gespräche als eigene solche weiterleiten zu können. Aus diesem Grund können Anrufe von abgehörten Mobilfunk-Geräten auch nicht die Nummer des abgehörten Geräts anzeigen, sondern entweder die des IMSI-Catchers oder sie müssen unterdrückt werden, um keine Nummer anzuzeigen.

Weiterer Nachteil: Bewegt sich das abgehörte Gerät, muss der Abhörende dieser Bewegung folgen, um zu gewährleisten, dass sich das zu überwachende Gerät nicht in eine andere, nun stärkere, Funkzelle einloggen kann.

Auf Software basierende Angriffe:

Aufgrund der Tatsache, dass moderne Handys die Installation von Apps zulassen, besteht, wie auch an ungeschützten Computern, die Gefahr, dass – auch ohne physischen Zugang zum Gerät – durch ein sogenanntes Exploit eine Schadsoftware auf dem Gerät installiert werden kann. Möglichkeiten bestehen durch Versenden einer E-Mail, Bluetooth-Verbindung und so fort.

Erfolgt ein solcher Angriff von staatlicher Seite über den Telefon-Anbieter, so werden quasi per 'Knopfdruck' nicht nur

16

Gespräche, Bewegungsdaten, sondern auch alle Zeiten, zu denen etwas stattgefunden hat, gespeichert und übertragen und der Besitzer des Mobilfunk-Geräts hat keine Möglichkeit, sich dagegen zu schützen, da die Art der Schad-Software nicht mit der SIM-Karte, sondern dem Gerät selbst verbunden ist.

Somit bleibt nur die Möglichkeit, das Gerät (bei Kenntnis der Überwachung) zu entsorgen.

Die nachfolgenden Zeilen lesen Sie bitte nur unter Vorbehalt. Ich zitiere zum IMSI-Catcher-Catcher aus einer Seite des Privacy-Handbuchs. Hier der Link:

https://www.privacy-handbuch.de/handbuch_75.htm

Zitat:

„IMSI-Catcher-Catcher

Die App Android-IMSI-Catcher-Detector (AIMSICD) tut, was der Name sagt. Sie erkennt IMSI Catcher in der Umgebung, Femto Zellen und "Stille SMS".

Sie ist auf allen Androids einsetzbar und erfordert kein Rooten des Smartphones. Die Entwickler setzen den Open Source Gedanken konsequent um. Die App ist nicht(!) im Google PlayStore verfügbar sondern nurim F-Droid Store.

Die App SnoopSnitch von SRLabs steht für Android im F-Droid Store oder im Google PlayStore bereit. Die App erkennt IMSI-Catcher und erkennt außerdem Hacks mit SS7-Exploitz zu knacken der Verschlüsselung.

Für die Installation ist ein Rooten des Smartphone nötig. Die App ist nur arbeitssfähig, wenn das Smartphone einen Qualcomm Chipsatz hat. (Liste der unterstützten Geräte)

Die App Darshak von Ravishankar Borgaonka (SecT, TU Berlin) erfüllt zwei Aufgaben:

Sichtbar machen und Alarm auslösen bei sogenannten "Stillen SMS", die zum genauen Bestimmung des Standorts des Smartphones vesendet werden.

Sichtbar machen von aktuellen Sicherheitseinstellungen der Funkzelle, um den Einsatz eines IMSI-Catchers zu erkennen.

Die App steht auf Github zum Download bereit: darshakframework/darshak. Sie ist derzeit nur auf dem Samsung Galaxy S3 einsetzbar und erfordert ein Rooten des Smartphone. Anleitung zur Installation ist auf der Webseite beschrieben. (Ich kann es leider nicht ausprobieren, da ich kein Smartphone nutze.)

Das GSMK CryptoPhone hat einen ganz gut funktionierenden IMSI-Catcher-Detector onBoard. Mit diesem Detector wurden in Washington DC 18 IMSI-Catcher aufgespürt, in der Umgebung des White House und US Capitol sowie in der Nähe von Botschaften.

I would bet money that there are governments that are spying in DC. (C. Soghoian, ACLU)

Washington DC ist kein Einzelfall. Auch in Oslo wurden IMSI-Catcher im Regierungsviertel gefunden. Leider mussten die Journalister einer Zeitung erst darauf aufmerksam machen. Die norwegische Spionageabwehr ist genauso verschlafen wie in Berlin.

Die gefundenen Geräte seien nicht auf dem freien Markt

erhältlich, sie seien sehr ausgereift und teuer. Nur Organisationen mit großen Ressourcen, etwa ausländische Geheimdienste, seien zu einer solchen Überwachung in der Lage.

In Sicherheitskreisen vermutet man, das die IMSI-Catcher in den Regierungsvierteln in erster Linie der Beobachtung dienen, wer in den verschiedenen Einrichtungen ein- und ausgeht. Das Abhören von SMS und Telefonaten ist vermutlich nebensächlich.

Das Smartphone ist eine Trackingwanze, die wir freiwillig mit uns umhertragen!"

Ende Zitat aus Privacy-Handbuch.

Ich verbürge mich nicht für das oben Stehende, da ich Sie nicht in falsche Sicherheit wiegen möchte, was Erkennungsmittel zu diesem Thema betrifft. Halten Sie sich stets selbst aktuell zum Fortschritt in dieser Sache und beherzigen Sie die Dinge, welche Sie in diesem Buch zum Thema Vorsichtsmaßnahmen noch finden werden.

GPS-Ortungssysteme:

Diese Art der Ortung wird zum Großteil zur Überwachung von Fahrzeugen eingesetzt. Dabei werden die Sender entweder fest im Fahrzeug verbaut oder im/am Wagen mittels magnetischer Halterung angebracht.

Auch zum Personenschutz wird GPS verwendet, indem die zu schützende Person einen Sender mit Alarm-Funktion bei sich trägt.

Verschiedene Funktionsweisen sind bei GPS-Systemen üblich:

Logger: Rein passives System, welches in vorab bestimmten Zeitabständen ermittelte Positionen speichert.

Nachteil ist, dass der Überwacher erst wieder Zugriff auf das Gerät braucht, um die Daten auslesen zu können. Auf der anderen Seite ist ein solches GPS-Gerät nicht durch Detektoren, sondern ausschließlich durch visuelle Inspektion auszumachen.

Logger mit einem Modem. Diese Art Logger verfügt über eine SIM-Karte, welche es erlaubt, Kontakt aufzunehmen und die Daten abzufragen. Selbst Blue-Tooth-Modelle sind erhältlich, welche allerdings eine gewisse Nähe zum betreffenden Fahrzeug erfordern, um ausgelesen werden zu können. Können durch Detektoren während der Datenübermittlung entdeckt werden.

Live-Systeme übertragen die jeweilige Position in zuvor bestimmten Zeitabständen bzw. bei einer Richtungsänderung des Fahrzeuges an eine zentrale Stelle, an der live eine Auswertung der Daten erfolgt.

Mittel gegen GPS-Systeme:

Sogenannte **GPS-Jammer** können in einem Umkreis von mehreren Metern den Empfang von GPS-Signalen verhindern. Hingegen können **GPS-Spoofer** den Empfängern falsche Daten über Positionen vorgaukeln.

Angriffe auf Telekommunikations-Systeme:

Analoges Telefon. Trotz eventuell bereits digitalisierter Nebenstellen-Anlagen sind in Firmen sowie privaten Haushaltungen noch zahlreiche **analoge Telefone** zu finden. Entgegen landläufiger Meinung ist die Anzeige der Rufnummer des Anrufers **kein Indiz** für das Vorhandensein eines digitalen Gerätes, da diese Funktion auch von modernen analogen Geräten beherrscht wird.

Somit stellt es in keinster Weise ein Problem dar, ein Telefon abzuhören, indem an einer x-beliebigen Stelle der Leitung zwischen dem Verteiler und dem Telefon oder auch einer Nebenstelle mit einem Verstärker bzw. Überträger eine Wanze anzubringen.

Aus Filmen ist auch noch die Version geläufig, in welcher eine Wanze im Inneren des Telefons selbst untergebracht wird, was sich bei heutiger verschweißter Bauweise allerdings als problematisch erweisen dürfte.

Faxgerät. Sogenannte G2- und G3-Geräte lassen sich, trotz der Tatsache, digitalisierte Daten zu übertragen, an einer beliebigen Stelle der Leitung anzapfen und mit moderner, heutiger Software auslesen, da sie letztendlich eben doch **analoge Geräte** sind.

Auch für ISDN-Geräte (G4) gilt, dass eine Dekodierung möglich ist, auch bei etwas größerem Aufwand.

ISDN-Telefon-Anlagen. Hier gilt im Prinzip dasselbe wie bei den analogen Telefonen, mit dem Unterschied, dass die benötigten **ISDN-Recorder**, welche für das Decodieren benötigt werden, schnell einmal mehrere hundert Euro kosten können.

Moderne Telefonanlagen. Für jegliche moderne Telefonanlage, welche im Grunde nichts anderes ist, als ein Computer mit eigener Software, gilt, dass eine Überwachung von Seiten des Herstellers, der Telefon-Gesellschaften und des jeweiligen Staats (auf Anordnung – Geheimdienste) stattfinden kann. **Schutz kann hier nur Eigeninitiative (wie Verschlüsselung) sein, zu der wir an späterer Stelle noch zurückkommen werden.**

Zeitlich und örtlich beschränkte Angriffe: Es bedarf keiner Geheimdienste oder anderer spezialisierter Stellen, um in heutiger Zeit begrenzte Abhörmaßnahmen akustischer sowie optischer Art durchzuführen. Aufgrund der Tatsache, dass es heute Hinz und Kunz möglich ist, miniaturisierte Aufzeichnungsgerätschaften sowohl für Audio als auch Video für wenig Geld zu erstehen, sollte ein Jeder, der seine Worte bzw. Taten nicht der Öffentlichkeit oder anderen Stellen preisgegeben zu sehen wünscht, mit der Möglichkeit einer Überwachung beim 'privaten Gespräch' rechnen. Dazu gehört ebenso das Gespräch mit dem Kundenberater Ihrer Bank, der Ihnen eventuell 'privat' einige Tipps bezüglich Anlage Ihrer Schwarzgelder geben möchte, als auch der Diskurs mit einem Vertreter einer Behörde in dessen Büro Sie sich eventuell über unangenehme Dinge äußern und im Eifer des Gefechts vielleicht Unliebsames preisgeben.

Eine Vielzahl an getarnten kleinsten Gerätschaften ermöglicht ein solch geheimes Unterfangen, wie ein Gespräch in Ton und Bild aufzuzeichnen, ohne dass der Gesprächspartner Kenntnis davon erhält. **Aufzeichnungsgeräte können versteckt sein in:** Kugelschreibern, Uhren, Schlüsselanhängern, Feuerzeugen, Fernbedienungen und so weiter und so fort. Von Handys brauchen wir hier erst gar nicht zu sprechen.

Maßnahmen gegen solche Art der Abhörung sind äußerst schwierig zu treffen, will man gegenüber einem

Gesprächspartner nicht unhöflich sein. Anders sieht es während einer Konferenz aus, wenn alle Beteiligten das gleiche Interesse haben und mit Leibesvisitation und ähnlichem einverstanden sind. Ansonsten gilt: **Augen auf und Mund zu, wenn ich mir nicht sicher sein kann.**

IT-Sicherheit

Dies dürfte im privaten sowie im geschäftlichen Bereich heutzutage Hauptthema in Bezug auf Sicherheit von Daten sein, denn fast Jeder hat heute wohl einen Computer, auf welchem wichtige und wichtigste Daten erarbeitet und gespeichert werden. Dennoch wird das Thema IT-Sicherheit gerade in Deutschland sträflich vernachlässigt. Ist es doch bezeichnend, dass sogar der Bundestag eines Landes mir nichts, Dir nichts, gehackt werden konnte, ohne dass die Betroffenen bis heute Näheres wissen und tun können.

Dies liegt insbesondere daran, dass sich der Deutsche vom Konkurrenzkampf der IT-Entwicklung abgekapselt hat und sich auf die Leistungen anderer Länder (in der Hauptsache die USA) verlässt. So ist und bleibt in Deutschland ein durchaus anfälliges System wie Microsoft's 'Windows' das A und O in Büros und Privat-Haushalten. Was Wunder, dass die deutsche Bundeskanzlerin noch vor wenigen Jahren ohne Schamröte vom **'Neuland Internet'** sprach. Auch wenn heute von deutscher Seite viel von 'Cyberkrieg' und Cyberattacken' geredet wird, so mutet dieses Politikergerede doch eher lächerlich an, wenn man dieses Gerede mit den Tatsachen in unserem Land vergleicht und zur Erkenntnis kommt, dass **'diese Merkel'** tatsächlich einmal etwas Wahres von sich gegeben hat.

Worauf ich mit diesen Zeilen hinweisen möchte, ist, dass es heute sehr wohl Möglichkeiten gibt, **etwas sicherer** in IT-Belangen agieren zu können, wenn man es nur will.

Ich sage bewusst: **Etwas sicherer**, da es eine hundertprozentige Sicherheit nicht geben kann, zumal jeder Angreifer nicht bei Trost wäre, würde er stets den Stand seiner Erkenntnisse und Errungenschaften preisgeben. Es wird ein ewiger Wettlauf werden, sofern sich nicht schon Menschen – wie heute die Deutschen - vorzeitig verabschieden und freiwillig eine Opferrolle einnehmen, ohne auch nur den Versuch zu unternehmen, sich besser zu schützen. Diese Opferrolle wird Sie letztendlich um Ihr Hab und Gut bringen, da auch Bankgeschäfte ohne IT-Kenntnisse heute nicht mehr vorstellbar sind. Denken Sie darüber nach und setzen Sie sich auf die Hinterbeine, um zu Ihren eigenen Gunsten etwas zu unternehmen. Ich kann nur immer und immer wieder darauf hinweisen: Wechseln Sie zu einem nicht so unsicheren Betriebssystem wie es die geschlossenen Systeme wie Windows oder Apple eben einmal sind. Lernen Sie, wie man mit einem Linux oder meinetwegen auch BSD-System umgeht, so dass Sie schon einmal einen großen Teil der Gefahr gebannt haben. Der Rest ist dann das menschliche Vermögen – oder auch Versagen....je nachdem.

Angriff über:

Keylogger: (Key von Keyboard = Tastatur, Log = Protokoll) Ein Keylogger wird verwendet, um Eingaben der Tastatur eines Computers zu protokollieren und kann somit von einem Angreifer dazu missbraucht werden, unberechtigt Kenntnis von Eingaben der Tastatur eines fremden Computers zu nehmen. So kann ein Keylogger zur Gänze protokollieren, was in einem gewünschten Zeitraum per Tastatur eingegeben wurde, oder aber, falls gewünscht, einfach abwarten, bis ein erwünschter Zugangscode oder ein Passwort zu einer bestimmten Stelle (Bank) eingegeben wird, um dieses aufzuzeichnen. Es gibt Keylogger mit unterschiedlichsten Eigenschaften und unterschiedlichen Fähigkeiten, doch pauschal kann man sie in zwei Kategorien aufteilen: **Software-Keylogger** und **Hardware-Keylogger**.

Ein **Software-Keylogger** wird sich zwischen die Tastatur und das Betriebssystem schalten, um mitzulesen und das Gelesene dann entweder zu speichern oder aber direkt via Internet an einen entfernten Rechner zur Auswertung zu senden.

Ein **Hardware-Keylogger** kann nur angebracht werden, wenn der Abhörende einen physischen Zugang zu dem abzuhörenden Rechner herstellen kann. Ein solches Gerät sitzt zwischen Tastatur und Rechner und kann rasch eingesteckt und auch wieder entfernt werden. Allerdings ist die Gefahr groß, einen solchen Logger per Augenschein zu entdecken. Auch hier können die Aufzeichnungen entweder gespeichert oder direkt gesendet werden.

Sich vor Keyloggern schützen. Immer die beste Möglichkeit ist natürlich die Prävention. Doch wer kontrolliert schon ständig

Rechner und Umgebung? (**Sollte man dennoch !!**) An einem fremden Computer kann man sich vor **Hardware-Keyloggern schützen**, indem man eine **Bildschirm-Tastatur** verwendet, deren Eingaben der Logger nicht erkennt und somit nicht protokollieren kann.

Diese Methode hilft bei einem **Software-Keylogger leider nicht** unbedingt, da diese Logger oft in der Lage sind, zusätzlich **Bildschirm-Fotos anzufertigen**. In solch einem Fall wäre es angeraten, die Eingaben der Tastatur zu 'verunreinigen', indem man nach jeweils einem oder zwei Zeichen den Cursor an irgendeine Stelle des Bildschirms setzt und sinnlose Eingaben macht, bevor man zurück geht und weitere (richtige) Buchstaben in das Eingabefeld macht.

Gefahren durch Einschleusung:

Möglichkeiten zu einer Einschleusung von Schadsoftware sind vielfältig. Hier eine Auswahl, welche natürlich beliebig erweitert werden kann mit der Weiterentwicklung von Techniken in diesem Bereich.

Der vermutlich bekannteste und heute im privaten Bereich gebräuchlichste Weg ist der einer Infektion mit Schadsoftware über das Internet via **E-Mail** und sogenannten **Sozialen Medien**.

Darüber hinaus besteht die Möglichkeit (vorwiegend im geschäftlichen und behördlichen Bereich) über eine Einschleusung durch **externe Hardware** wie DVD's, USB-Sticks, externe Festplatten usw.

Sodann sei nicht zu unterschätzen ein **Eindringen über Fernwartungszugänge** (Router, Updates von Betriebssystemen etc.)

Weitere Möglichkeit in privatem wie auch geschäftlichem Bereich ist **menschliches Fehlverhalten eventuell kombiniert mit höherer Gewalt** (Ausfälle von Systemen, Fehlfunktionen).

Im betrieblichen Bereich besteht eine erhöhte Gefahr einer Einschleusung von Schadsoftware durch **menschliche Mängel und Sabotage**. (Finanzielle Probleme, Wut auf den Betrieb/Vorgesetzte).

Die Ergebnisse solcher Einschleusungen von Schadsoftware können in Folge resultieren in:

Auslesen von Zugangsdaten und Aneignung von Rechten zum späteren erweiterten Gebrauch, Zugriff auf weitere interne Systeme, ein Außerkraftsetzen von Sicherheitsmechanismen. Auslesen von Bankdaten und deren Gebrauch.

Trojaner (Trojanisches Pferd)

Abgeleitet vom hölzernen Pferd aus der griechischen Mythologie, hat ein Trojaner in etwa gleiche Aufgaben wie auch sein berühmter Vorgänger: **Versteckte 'Krieger' einzuschleusen** und zur **Ausführung von Schaden** gelangen zu lassen.

In unserem Fall ist ein Trojaner ein Programm, das als ein **nützliches Programm** getarnt sein kann, doch im Grunde versteckt sein **(wahres) Schadprogramm** Huckepack trägt. Besonders raffiniert an der ganzen Sache ist der Umstand, dass ein solcher Trojaner ein Schadprogramm installieren kann, welches danach eigenständig zu laufen in der Lage ist und auch durch eine Beendigung oder gar Löschung des Trojaner-Programmes nicht deaktiviert werden kann.

Es existieren unterschiedliche Arten von Trojanern und eine Art wird, nachdem sie ihr Schadprogramm auf dem Rechner abgelegt hat, überflüssig und nicht mehr gebraucht, da eine Automatik das Schadprogramm mit jedem neuen Starten des Computers wieder lädt.

Andere Trojaner wiederum beinhalten selbst das Schadprogramm und können mitsamt diesem gelöscht werden.

Verbreiten können sich Trojaner auf jede erdenkliche Weise, in welcher elektronische Daten transportiert werden. In Betracht kommen **folgende Wege:**

Externe Datenträger wie USB-Sticks, DVDs, ext. Festplatten uvm.

Das Internet (Netzwerkverbindung) über den Empfang von E-Mails, Tauschbörsen, infizierte Webseiten etc.

Dabei wird im Fall von schädlichen E-Mails entweder im Anhang (oder direkt) ein Link geschickt, der auf eine verseuchte

Seite führt, es kann aber auch (im Namen eines Freundes oder Bekannten) ein Foto oder PDF verschickt werden, in welchem sich schädliche Programme verstecken und zur Ausführung gebracht werden können.

Eine besonders perfide Eigenschaft der Trojaner ist die, dass sie durch die Ausführung des Besitzers des Computers auf demselben auch alle Rechte erhalten, welche der Benutzer selbst hat (Windows) und dadurch alles darf, was auch der angemeldete Nutzer darf. Aufgrund der Tatsache, dass viele Anwender dauerhaft mit den Rechten des Administrators arbeiten, sind somit einem Schadprogramm keinerlei Grenzen gesetzt.

Entgegen den Fähigkeiten eines Computer-Viruses fehlt dem Trojaner die Fähigkeit, sich selbst zu reproduzieren und somit zu verbreiten, weshalb also der Trojaner (wie auch der Name bereits erkennen lässt) zur Einschleusung von Viren seine eigentliche Rolle findet.

Warum gebe ich dem Thema Trojaner einen eigenen Abschnitt? Weil gerade dieser Tage das Thema (wieder einmal) brandaktuell ist. Ich zitiere nachfolgend einen Artikel von 'Heise' vom 20.06.2017:

Der Link zum Artikel online:

https://www.heise.de/newsticker/meldung/Ueberwachung-Koalition-macht-Staatstrojaner-zum-polizeilichen-Alltagswerkzeug-3748014.html

Zitat Anfang:

„Überwachung: Koalition macht Staatstrojaner zum polizeilichen Alltagswerkzeug

Schwarz-Rot hat sich trotz verfassungsrechtlicher Bedenken von Experten darauf geeinigt, die Lizenzen für die Quellen-

Telekommunikationsüberwachung und heimliche Online-Durchsuchungen zur Strafverfolgung massiv auszuweiten.

Die von der Bundesregierung geplante ausgeweitete Überwachung von verschlüsselten Internet-Telefonaten und Chats ist jetzt prinzipiell beschlossene Sache: Die Koalitionsfraktionen von CDU/CSU und SPD haben sich auf einen Änderungsantrag zu einem Gesetzentwurf geeinigt, mit dem das Strafverfahren "effektiver und praxistauglicher" werden werden soll. Mit dem Papier, das Netzpolitik.org verö entlicht hat, werden umfassende Rechtsgrundlagen für die Quellen-Telekommunikationsüberwachung (Quellen-TKÜ) und die heimliche Online-Durchsuchung in der Strafprozessordnung (StPO) gescha en. Gängiges Instrument Staatstrojaner

Mit der Initiative können Staatstrojaner ein gängiges Instrument auch zur Verfolgung alltäglicher Kriminalität werden. Sie soll am Mittwoch den Rechtsausschuss des Bundestags passieren und im Hauruckverfahren noch Ende der Woche im Parlamentsplenum mit der Mehrheit der Regierungsfraktionen verabschiedet werden. Das Bundesverfassungsgericht hatte derlei Wanzen für Computer und Mobilgeräte zunächst nur zur Abwehr konkreter Terrorgefahren durch das Bundeskriminalamt (BKA) freigegeben und eigens ein neues "Computer-Grundrecht" etabliert.

Sachverständige hatten jüngst im Rahmen einer parlamentarischen Anhörung dazu vor erheblichen datenschutzrechtlichen Risiken und klaren Verfassungsverstößen gewarnt sowie an die scharfen Vorgaben aus Karlsruhe erinnert. Den Abgeordneten rieten sie davon ab, ein "Trojaner-Blindfluggesetz" zu verabschieden, das eine "Kultur der IT-Unsicherheit" fördern würde. Schwarz-Rot hat die ursprüngliche "Formulierungshilfe" aus dem Haus von Bundesjustizminister Heiko Maas (SPD) trotzdem fast nur noch redaktionell überarbeitet. Die Koalition stellt zudem im Gesetzestext nun klar, dass bei der Quellen-TKÜ nur "die laufende Telekommunikation" oder vergleichbare "Inhalte und Umstände" wie bei der klassischen Telefonie abgehört werden dürfen.

Abgreifen an der Quelle

Generell bleibt es dabei, dass Strafverfolger die Möglichkeit erhalten, Internet-Telefonate etwa per Skype und die Kommunikation über Messenger wie WhatsApp, Signal, Telegram oder Threema zu überwachen. Ermittler sollen die Inhaltsdaten dabei mit Trojanern für Computer und Mobilgeräte "an der Quelle" abgreifen dürfen, bevor sie ver- oder nachdem sie entschlüsselt wurden. Als Voraussetzung gilt der weite Stra atenkatalog aus Paragraf 100a StPO, der mehr oder weniger "schwere Delikte" umfasst, die von Hochverrat über Mord und Totschlag bis zu Steuerhehlerei, Geldfälschung, Computer- oder Sportwettbetrug reichen.

IT-Systeme heimlich durchsuchen können Ermittler kün ig, wenn sie "besonders schwere Stra aten" abwehren oder aufklären wollen. Die Rechtsbasis wird dem Papier zufolge an Paragraf 100c StPO angekoppelt, der den großen Lauschangri regelt. Auch in diesem Katalog für die "akustische Wohnraumüberwachung" finden sich aber Delikte wie Banknotenfälschung, Geldwäsche oder "Verbreitung, Erwerb und Besitz kinderpornografischer Schri en". Der Einsatz beider neuen Kompetenzen muss von einem Richter genehmigt werden.

Bundesrat bleibt außen vor

Eingebaut hat die Koalition das Vorhaben in einen Entwurf, mit dem eigentlich ein Fahrverbot für Stra äter verhängt werden können soll. Aufgrund dieses verfahrenstechnischen Tricks gelangte der Plan nicht in den Bundesrat, die Länder konnten dazu also nicht Stellung beziehen. Mit Klagen vor dem

Bundesverfassungsgericht ist zu rechnen. Bis dort nach Jahren ein Urteil fällt, kann die Polizei aber grundsätzlich bereits ihre staatlichen Hackerfähigkeiten ausprobieren. Technisch dür e es dabei Probleme geben. Mit dem derzeitigen Bundestrojaner, den IT- Experten vom BKA innerhalb von drei Jahren entwickelt hatten, können Messenger- Programme nicht abgehört werden. Berichten zufolge ist damit nur eine Quellen-TKÜ von Voice over IP (VoIP) über Skype auf Desktop-Rechnern mit Windows möglich. Das

Bundesinnenministerium hat zudem eine kommerzielle Variante beim FinFisher-Hersteller Gamma bestellt, über deren Fähigkeiten es sich aber bedeckt hält. Zudem ist der Aufbau der "Zentralen Stelle für Informationstechnik im Sicherheitsbereich" (Zitis) ins Stocken geraten, die Sicherheitsbehörden helfen soll, Verschlüsselung zu knacken oder zu umgehen: Bislang tut sich der Staat schwer, dafür geeignete IT-Experten zu finden.

Hartmut Pohl, Sprecher für Datenschutz und IT-Sicherheit der Gesellscha für Informatik (GI), bezeichnete es als "völlig unverständlich", dass der Plan "ohne ö entliche Diskussion im Eilverfahren auf ein bereits laufendes Gesetzgebungsverfahren 'draufgesattelt' werden" solle.

Er stelle einen "unverantwortlichen Eingri dar", der es Sicherheitsbehörden ermögliche, Unternehmen und Bürger ohne ihr Wissen auszuspionieren. Die vorgesehenen Schranken seien in der Realität technisch kaum umsetzbar. Der Chaos Computer Club (CCC) befürchtet, dass mit dem Entwurf "staatliches Hacken mit Hilfe zweifelha er Vertragspartner zu einer Gefährdung der IT-Sicherheit aller werden wird". (anw) „

Ende Zitat Heise

Nun stellt sich wohl für so manchen Leser die Frage, wofür denn nun eigentlich ein 'Verfassungsschutz' existiert, wenn dieser es selbst ist, der die Verfassung' untergräbt und mit faulen Tricks umgeht.

Bei Beantwortung dieser Frage für sich selbst, dürfen Sie auch gleich darüber nachdenken, welche Arten von Schutzmaßnahmen gegen eine solch staatliche Überwachung für Sie akzeptabel und moralisch gerechtfertigt sind.

Wie Sie selbst wohl wissen, kann ein **'Straftatbestand'** immer vom jeweiligen Regime bestimmt und nach Belieben ausgelegt werden. **Denken Sie zurück an die Zeit, als es strafbar war, einen 'Juden' im Keller zu verstecken..…**

Maßnahmen zur Prävention

Zunächst einmal sollten Sie sich stets vor Augen halten, dass diese Präventionsmaßnahmen für Ihren persönlichen Schutz gedacht sind und nicht, um kriminelle Absichten zuungunsten Ihrer Mitbürger zu verschleiern.

Das vorliegende Buch ist **keineswegs eine Anleitung für Kriminelle**, die ein Abzocken ihrer Mitmenschen im Sinn haben und einer Strafe entgehen möchten, indem sie ihr Tun verschleiern, sondern dazu gedacht, den **Bürgern eines Staates, dessen Politik außer Rand und Band geraten** zu sein scheint, Wege zum **eigenen Schutz** aufzuzeigen. Ob dies nun gewissen amtlichen Stellen in den Kram passt oder nicht, hat keinen Einfluss auf das Verhalten des Autors, der der Ansicht ist, dass nie ein bestimmtes Mittel an sich gut oder böse sein kann, sondern nur die Absicht, die beim Anwender dieses Mittels vorherrscht, den Unterschied ausmachen kann.

Es dürfte feststehen, dass es nicht gelingen kann, Abhörversuche (Spionage) zur Gänze zu verhindern und zu unterbinden, doch können die angewandten Mittel zumindest dafür sorgen, dass der Aufwand für den Angreifer ein immens hoher wird, so dass in den meisten Fällen im privaten Bereich der Aufwand das Ergebnis bei weitem nicht rechtfertigen dürfte.

Sei es nun privat oder dienstlich, es sollte stets das Bewusstsein vorherrschen, dass die größte Schwachstelle in puncto Sicherheit letztendlich doch der Mensch ist und es vermutlich auch bleiben wird. Im privaten Bereich obliegt es denn eben dem Leser selbst, sich entsprechend fortzubilden, um die auf ihn zukommenden Gefahren auch verstehen und einschätzen zu können. Im betrieblichen Bereich kommt außer einer entsprechenden Schulung noch das Problem der Zuverlässigkeit einzelner Mitarbeiter hinzu (Spionage). Da ich dieses Buch in der Hauptsache dem privaten Anwender zudenke, möchte ich hier nur ganz kurz auf die eventuell zu treffenden Maßnahmen in sensiblen Unternehmen eingehen:

Unternehmen sollten sich stets mit 'tauglichen' Sicherheits-Firmen ins Einvernehmen setzen, um eventuelle sinnvolle, baulichen Maßnahmen zu besprechen. Dies könnte die abhörsichere Schaffung von Räumen betreffen, welche auch eine Auskleidung der Wände mit geerdetem Material (Metall) sowie einer speziellen Anordnung von Fenstern einschließt. Leicht überprüfbares Möbel sowie sonstige Ausstattung und offene (leichter Zugang zur Kontrolle)

Verlegung der notwendigen Kabel wären ebenso im Gespräch wie ständige Kontrollen der Örtlichkeiten.

Kryptografie:

Wie bereits zuvor bemerkt, ist auch die Kryptografie kein Allheilmittel und nur solange von Nutzen, als die jeweilige Verschlüsselung nicht geknackt ist. Doch auch andere Kriterien spielen bei einer solchen Anwendung eine Rolle. Der Anwender soll über Möglichkeiten und Grenzen des eingesetzten Mittels Bescheid wissen und diese Anwendung auch diszipliniert verfolgen, statt einmal ja und einmal nein dazu zu sagen. Konkret bedeutet dies etwa, dass es wenig Sinn ergibt, eine bestimmte E-Mail zu verschlüsseln, um dann den Inhalt dieser Mail einem anderen Empfänger unverschlüsselt zu übermitteln.

Oder: Wenn ich bei Facebook ein Konto habe, ist es ebenfalls sinnlos, mich einmal ganz normal unter meinen richtigen Daten und ein weiteres Mal beispielsweise mit TOR-Zugang mit den gleichen Daten anzumelden.

Oder: Daten, die wirklich wert sind, geschützt zu werden, sollten nicht nur verschlüsselt auf dem eigenen Rechner gespeichert werden, sondern auch verschlüsselt transportiert (auf USB-Stick, externe Festplatte usw.) werden. Zudem sollte auch darauf geachtet werden, dass dies ebenso mit Kopien und Backups der betreffenden Datei geschieht.

Protokolle mit **'Public Key Verfahren'** sollten nur in sicherer Umgebung (pers. Treffen etc.) ausgetauscht werden, da nur dies einen vollkommen sicheren Kanal darstellen kann. Sogenannte **'Certification Authorities'** (**CA's**) behaupten zwar, vertrauenswürdig zu sein, doch gleiches behauptete auch der Wolf gegenüber Rotkäppchen, falls Sie verstehen, was ich damit sagen will.

Ich zitiere aus Privacy Handbuch:

„Die laut Eigenwerbung größte CA ist **Verisign**. Seit 2002 ist bekannt, dass Verisign auch ein Global Player bei der Überwachungstechnik ist. Die Firma bietet Support für "Lawful SSL Interception". Das ist nicht sehr vertrauenswürdig, wenn man sich gegen staatliche Überwachung schützen will."

Mit **DANE** gibt es einen Ansatz, die SSL-Zertifikate und S/MIME Zertifikate auf einem kryptografisch gesicherten, unabhängigen Weg zu verifizieren. Leider verbreitet sich DANE nur langsam und wird wenig unterstützt."

Zitat Ende.

Kommunikation per E-Mail:

Mail-Provider, die **DANE** verwenden sollen:

Mailbox.org: sichere Verschlüsselung, **DANE**

Posteo.de: sichere Verschlüsselung, **DANE**

KolabNow.com: sichere Verschlüsselung, **DANE**

Auch verschlüsselte E-Mails bieten keine Gewähr, dass es Dritten nicht möglich ist, aufgrund von Protokollen über Absender und Empfänger Profile, die Kommunikation betreffend, zu erstellen. Zum anonymen Versenden von E-Mails gibt es sogenannte Remailer, welche die betreffende Nachricht mehrfach verschlüsselt über mehrere Stationen an den Empfänger senden. Nachteil dieser Mix-Master-Kaskaden ist, dass zahlreiche Mail-Anbieter diese anonymen Mails als Spam einordnen und aufgrund der Anonymität auch keine direkte Antwort möglich ist. Zudem kann sich die Zustellung oft um Stunden oder gar Tage verzögern. Für interessierte Linux- oder BSD-Anwender steht das Paket 'Mixmaster' zur Installation bereit und wird auf der Kommandozeile ausgeführt. Anleitungen gibt es dazu zur Genüge im Netz. Für bestimmte Linux-Distributionen gibt es auch fertige Pakete von Mixmaster in den jeweiligen Sourcen.

Kommunizieren via Instant Messaging:

Der Vorteil dieser **'direkten Kommunikation'** liegt darin, dass Inhalte einer Kommunikation direkt ausgetauscht werden und somit kein Anlass zur Zwischenspeicherung auf einem Server besteht. Zudem ist es nicht einfach, zugehörige Metadaten zu ermitteln. Auch hier gilt, dass auf eine Ende-zu-Ende-Verschlüsselung geachtet werden muss und ein 'sauberer' Austausch der Schlüssel zu erfolgen hat.

Einer der Dienste für Instant Messaging ist **Jabber (XMPP)** und auch hier können Beschreibungen (Linux) zur Genüge im Internet gefunden werden.

Ein passender Client für Jabber (XMPP) wäre **Gajim**, der neben **OpenPGP- und OTR- Verschlüsselung** auch die neue **OMEMO-Verschlüsselung** beherrschen soll. OTR und OMEMO werden dabei über Plugins bereitgestellt, OpenPGP ist fest eingebaut.

Gajim steht für Linux-Anwender sowie auch für Windows-Nutzer zur Verfügung, wobei ich letzteres nur der Vollständigkeit halber erwähne. **Warnung:** Es sollte darauf verzichtet werden, per Gajim Audio- oder Video-Chats zu starten, da hierfür benötigte Pakete ein Sicherheits-Risiko darstellen und darum nicht installiert werden sollten. Fragliche Pakete sind deshalb auch mit dem Hinweis **bad** (böse) gekennzeichnet!

Voice over IP:

Warnung vor Skype !

Die ehemals angeblich Zensur-resistente Infrastruktur von Skype wurde mit der Übernahme durch Microsoft hinfällig, indem die Schlüssel der Ende-zu-Ende-Verschlüsselung zum Mitlesen durch Microsoft auf deren Servern abgelegt wurden.

Open Secure Telephony Network (OSTN)

Das **OSTN** war eine Zeit lang in aller Munde und erfährt viele Empfehlungen, doch möchte ich mich diesen Empfehlungen **NICHT** anschließen, da das für **OSTN** zuständige **GUARDIAN-PROJEKT** offensichtlich bekannte **Bugs ignoriert** oder das Projekt möglicherweise überhaupt nicht mehr bearbeitet.

Ich rate dazu, statt **Internet-Telefonie** (alleine schon wegen Stimmaufzeichnungen) die schriftliche Kommunikation vorzuziehen.

Freifunk

Wer sich für die Freifunker interessiert, sollte möglichst noch bis Ende Juli 2017 zuwarten, da zu diesem Zeitpunkt geklärt werden soll, ob die Freifunker speichern müssen oder nicht. Persönlich rate ich, zu verzichten, denn ich traue den deutschen Behörden nicht, was offizielle Zusagen betrifft.

SMS:

Verzichten Sie **zugunsten von sicheren Messengern** auf das Schreiben von **SMS oder MMS**, da letztere ausnahmslos von der Überwachung staatlicherseits betroffen sind und zudem so Ihr Standort festgestellt werden kann.

TOR-Browser:

In meiner letzten Buch-Veröffentlichung **'Weg ins Darknet und im Darknet'** habe ich erschöpfend das TOR-Projekt behandelt. Auch im Internet finden Sie alle notwendigen Informationen zu diesem Projekt und dessen sicherem Gebrauch. Ich möchte hier nur soviel dazu sagen: **Laden Sie sich nicht einfach den TOR-Browser herunter, sondern verwenden sie das sichere Linux-Projekt Tails und installieren Sie dieses auf einem USB-Stick, von welchem Sie es gefahrlos verwenden können.**

Eine spezielle Eigenschaft für Debian-Anwender möchte ich hier dennoch unterbringen. Es geht darum, wie man Software aus der offiziellen Debian-Paketliste über Tor auf den eigenen Rechner lädt und so verschleiert, welche Anwendungen laufen und somit auch eventuelle Angriffe erschwert. **Ich zitiere aus Wikipedia:**

„Installation:

1. Öffnet ein Terminal

2. Installiert via apt-get das Tor-Paket

a. Zuerst müsst ihr das zugehörige Programm installieren

b. Gebt in dem Terminal den folgenden Befehl ein

sudo apt-get install apt-transport-tor

c. Betätigt die Abfrage durch die Eingabe eines y

3. Modifiziert die Paketquellen

a. Zuerst deaktiviert ihr die alten Quellen

i. Öffnet die Quellen-Datei mit einem Editor, beispielsweise

Nano:

sudo nano /etc/apt/sources.list

ii. Navigiert vor die vorhandenen Zeilen (in Nano geht das einfach mit den Pfeiltasten auf dem Keyboard) und schreibt an den Anfang jeder Zeile das Symbol #. Damit markiert ihr die Zeile als Kommentar und deaktiviert sie, ohne sie zu löschen.

iii. Nun sollten vor allen Zeilen in der Datei ein # stehen.

b. Nun fügt ihr dahinter die TOR-Quellen ein

i. Navigiert mit den Pfeiltasten ganz nach unten.

ii. Kopiert die folgenden drei Zeilen:

i. deb tor+http://vwakviie2ienjx6t.onion/debian jessie main

ii. deb tor+http://vwakviie2ienjx6t.onion/debian jessie-updates main

iii. deb tor+http://sgvtcaew4bxjd7ln.onion/debian-security jessie/updates main

iii. Ihr könnt Sie in Nano ein ügen, indem ihr mit der rechten Maustaste in das

Terminal Fenster klickt und Ein ügen aus dem Kontextmenü auswählt.

c. Speichert nun die Datei und verlasst den Editor. Drückt dazu in Nano die

Tastenkombination Strg+X und gebt anschließend den Buchstaben y ein.

Bestätigt mit Enter.

4. Abschließend aktualisiert ihr die Quellen

a. Als letztes müsst ihr noch die neuen Quellen aktivieren.

b. Gebt dazu in der Konsole den folgenden Befehl ein: **sudo apt-get update.**"

Zitat Ende.

Noch ein Wort zu Microsoft:

Ich zitiere dazu wörtlich aus 'Privacy Handbuch' (Auch Druck- und Rechtschreibfehler werden übernommen).

Zitat:

„Betriebssysteme

Der Widerstand gegen Ausforschung und Überwachung sowie der Kampf um die Hoheit über den eigenen Computer beginnt bei der Auswahl des Betriebssystems. Einige stichpunktartige Gedanken sollen zum Nachdenken anregen.

Windows

Mit Windows 8.0 hat Microsoft begonnen, dass bei Smartphones akzeptierte Device-based Tracking auch bei PCs einzuführen. Ähnlich wie Google bei Android will Microsoft als eine der größten Tracking Familien im Internet seine Datenberge erweitern und besser personalisieren. Das Erstellen eines User-Account unter Windows 8.1 ist ein echtes Dark Pattern. Der Nutzer wird massiv gedrängt, den User-Account auf dem Rechner mit einem Online Konto bei Hotmail oder Windows Live zu verbinden.

Nur wenn man in der Eingabemaske falsche Angaben macht,

findet man in der Fehlermeldung den unscheinbaren Link für das Erstellen eines User-Account ohne Online Konto.

In Windows 10 wurde das Device-based Tracking weiter ausgebaut. Es wird für jeden Account auf dem Rechner eine Unique Advertising ID generiert.

Diese ID wird auch Dritten zur eindeutigen Identifikation zur Verfügung gestellt. In der neuen Privacy Policy von Microsoft (Juli 2015) steht außerdem:

We will access, disclose and preserve personal data, including your content (such as the content of your emails, other private communications or files in private folders), when we have a good faith belief that doing so is necessary ...

Privaten Daten, die Microsoft in der Standardkonfiguration sammelt:

• Persönliche Interessen, die sich aus dem Surfverhalten ergeben sowie aus den per Apps gesammelten Daten werden an Microsoft gesendet (eine Sport-App sendet die bevorzugten Teams, eine Wetter-App die häufig angefragten Städte... usw.)

KAPITEL 18. BETRIEBSSYSTEME

• Standortdaten aller Geräte mit Windows werden an MS übertragen. Es wird bevorzugt GPS oder die WLANs der Umgebung genutzt, um den Standort so genau wie möglich zu bestimmen.

• Kontaktdaten der Freunde und Bekannten werden an MS übertragen, wenn man Tools von Microsoft als Adressbuch nutzt.

• Inhalte von E-Mails, Instant Messages und Voice/Vidoe Messages (z.B Skype) gehören ebenfalls zu den den Daten, die MS sammelt.

• Der Windows Defender übermittelt alle installierten Anwendungen an Microsoft.

• Mit der digitalen Assistentin Cortana wird in der Standardkonfiguration eine Art Abhörzentrale eingerichtet, die das Wohnzimmer direkt mit Microsoft verbindet.

• Das Schreibverhalten wird analysiert und an Microsoft gesendet. Das Profil der typischen Tastenanschläge könnte zukünftig für die Identifi-kation bei Texteingaben in Webformularen oder Chats genutzt werden

(Stichwort: Keystroke Biometrics1).

• Die eindeutige UUID, die Windows bei der Kommunikation mit Microsoftservern sendet (z.B. bei Softwareupdates), wird vom NSA und GCHQ als Selektor für Taylored Access Operations (TAO) verwendet, um gezielt die Computer von interessanten Personen oder Firmen anzugreifen. **Microsoft ist seit 2007 Partner im PRISM Programm der NSA.**

• Als besonderes Highlight gehören auch die automatisch generieten Recovery Keys der Festplattenverschlüsselung Bitlocker zu den Daten, die MS in seiner Cloud sammelt und NSA/FBI/CIA zur Verfügung stellt. (Crypto War 3.0?)

Mit Windows 10 Pro oder Enterprise kann man den Upload des Recovery Key verhindern2, indem man den Rechner einmal komplett verschlüsselt (mit Key Upload), dann die Verschlüsselung deaktiviert (damit muss das System wieder komplett entschlüsselt werden), den alten Recovery Schlüssel löscht und nochmal den Rechner komplett verschlüsselt. Erst beim zweiten Versuch wird man gefragt, ob man den Recovery Key evtl. lokal sichern möchte. Das kostet Zeit und ist auch wieder ein echtes Dark Pattern in der Benutzerführung.

Wenn man es schafft, einen Benutzeraccount ohne Cloud Anbindung einzurichten und in den Einstellungen unter Datenschutz die Privacy Features aktiviert, kann man die Sammelleidenschaft von Windows 10 etwas reduzieren aber nicht vollständig abstellen."

Zitat Ende.

Anonymer Mail-Account mit Thunderbird:

Es sollte hier ein funkelnagelneuer Mail-Account bei einem 'zuverlässigen' Anbieter erstellt werden, wobei Sie darauf achten sollten, dass dieser Anbieter eine https-Seite für die Anmeldung zur Verfügung stellt, falls Sie es nicht gleich vorziehen, ganz anonym über TOR oder JonDonym den neuen Account zu erstellen.

Zum Abrufen und Schreiben der Mails sollten Sie dann den sicheren Client Thunderbird verwenden, anstatt sich jedesmal über das Web-Interface anmelden zu müssen. Zu diesem Zweck erstellen Sie auch in und für Thunderbird ein anonymes Profil, so dass Ihr eigener, richtiger Name bei der Übermittlung von Mails ganz außen vor bleibt.

TIPP:

Benutzen Sie auch für das Schreiben Ihrer anonymen Mails ihren USB-Stick mit dem installierten Tails, das auch Thunderbird zur Verfügung stellt. So sind Sie stets auf der sicheren Seite und es besteht nicht die Gefahr einer Verwechslung Ihrer Mail-Konten.

P2P (Peer to Peer) Netzwerke:

Bei dieser anonymen Art von Netzwerk wird das 'normale' Internet genutzt und in einer darüberliegenden, verschlüsselten Transport-Schicht ein Netz gebildet, welches eine anonyme Kommunikation gewährleisten soll. Daten werden hier unter den ständig wechselnden Mitgliedern des Netzwerks verschlüsselt weitergeleitet, so dass es nicht möglich sein soll, den Weg vom Absender zu einem bestimmten Empfänger nachzuvollziehen.

Ich möchte an dieser Stelle lediglich einige Namen solcher Netze nennen. Die ausführlichen Beschreibungen und Anleitungen entnehmen Sie bitte den entsprechenden Seiten im Internet, damit dies Buch nicht allzu umfangreich werden möge:

Invisible Internet Project (I2P) :   https://geti2p.net/de/

Freenet: https://freenetproject.org/

Gtk-Gnutella:
https://de.wikipedia.org/wiki/Gtk-gnutella

Zur Verschlüsselung:

Prinzipiell gilt, dass alles von Wichtigkeit verschlüsselt sein sollte, auch die Daten auf dem eigenen Rechner. Verschlüsseln lassen sich nicht nur Dokumente und Ordner, sondern insbesondere auch die Datenträger selbst.

Die Festplatte zu verschlüsseln, sollte eine Selbstverständlichkeit sein, denn ein bloßes Zugangspasswort ist in etwa so schnell umgangen, wie man braucht, um einen Rechner herunterzufahren, eine Linux-CD einzulegen und den Rechner wieder hochzufahren. Alles Weitere ist eine Frage einer Minute, danach kann ich das Gesichtete auf einen anderen Datenträger überspielen und mir nach Hause nehmen.

Die Verschlüsselung einer Festplatte hingegen mit Brute Force zu brechen, kann schon (je nach Stärke des Passworts) Wochen, Monate oder gar Jahre brauchen.

Es würde zu weit führen, in diesem Buch alle Möglichkeiten aufzuführen, die unter Linux für eine Verschlüsselung erhältlich sind und dann noch für jede Distribution die eigenen Tools und Wege zu schildern. Sobald Sie sich für eine bestimmte Linux-Distribution entschieden haben, werden Sie im Netz (Linux-Foren etc.) genügend Informationen finden.

Allerdings möchte ich zu Linux selbst noch einige Worte verlieren. (Spielverderber, werden jetzt einige Leser denken, jetzt kommt der Haken!) Stimmt, jetzt kommt der Haken. Linux ist ebenfalls **nicht das NONPLUSULTRA**, das Sie von jeglicher weiteren Verantwortung befreien kann, doch darauf wollte ich auch nicht hinaus. Es gilt, abzuwägen, welches Linux Sie sich aussuchen möchten. Für den absoluten Neuling kommen einige Distributionen in Betracht und jetzt kommen wir zum springenden Punkt: **UBUNTU.**

Es gibt Menschen, die Ubuntu mit Linux gleichsetzen, doch liegen die Tatsachen weit davon entfernt und ich möchte Ihnen hier an dieser Stelle vom Gebrauch **von Ubuntu abraten.** Ubuntu mag einmal besser gewesen sein, doch heute stellt es für mich eines der am **unsichersten Linux-Systeme** dar, auch wenn das gewisse britische Dienststellen gerne anders darstellen würden.

Daten sicher löschen:

Es sollte sich mittlerweile herumgesprochen haben, dass ein einfaches Verschieben von Daten in den Papierkorb diese **nicht**

von der Festplatte löscht, sondern eben nur verschiebt. Ein wirkliches **Löschen** im Sinne von **ausradieren** gibt es nicht. Daten können überschrieben werden, um sie unlesbar zu machen und man ist der Ansicht, dass ein zwei- bis dreimaliges Überschreiben von Daten reicht, um sie nicht mehr lesbar machen zu können. Wie auch immer, es ist von Nutzen, wenn man wichtige Daten vor dem Überschreiben verschlüsselt, um so noch ein wenig mehr Sicherheit zu erhalten. Den Weg, Daten zu überschreiben, finden Sie in Linux-Anleitungen.

SSD-Festplatten:

Das oben Geschriebene funktioniert nicht bei USB-Sticks und SSD-Festplatten. Für diese Ist die sogenannte **TRIM-Funktion** zu aktivieren, die sowohl bei Windows ab Windows 7 funktionieren soll als auch bei Linux ab Kernel 2.6.33. (Dennoch sollten Sie vorziehen, die SSDs sowie USB-Sticks stattdessen zu verschlüsseln, um auf Nummer Sicher zu gehen).

Steganografie:

Daten können nicht nur verschlüsselt, sondern auch 'versteckt' werden. Bei der Steganografie handelt es sich um einen Teilbereich der 'Kryptografie', bei welcher es darum geht, Botschaften oä. zu verstecken, ohne dass diese Tatsache dem zufälligen Leser oder Betrachter bewusst werden soll. So lassen sich beispielsweise Pixel von Bildern geringfügig verschieben, um auf diese Weise Bits einer geheimen Botschaft zu verbergen. Die Anzahl der Äpfel an einem gemalten Baum oder die Höhe von Sonnenblumen auf einem Bild können solche Geheimbotschaften darstellen. Es können Botschaften in Texten und Bildern versteckt werden usw. Es würde auch in diesem Fall zu weit führen, näher auf die Kryptografie einzugehen, doch will ich hier einen Link zu einer meiner Ansicht nach interessanten Seite einfügen:

http://kryptografie.de/kryptografie/index.htm

Informieren Sie sich über dieses Thema, denn Sie werden sehr interessante Dinge dazu finden. Vielleicht wird der Verfasser dieses Buches irgendwann in der Zukunft mit einem eigenen Buch auf dieses weitgefächerte Thema eingehen.

Sicherheits-Risiko USB-Stick:

Betrachten Sie grundsätzlich USB-Sticks, die sich nicht in Ihrem eigenen Besitz befinden und/oder an fremden Computern angeschlossen werden, als ein erhöhtes Risiko für die Sicherheit Ihres Rechners. Sollten Sie gezwungen sein, solche USB-Sticks beispielsweise von Ihrer Firma mit nach Hause nehmen zu müssen, um dort etwas zu bearbeiten, sollten Sie nicht mit Ihrem gewohnten Betriebssystem arbeiten, sondern mit einer Live-Linux-CD. Gleiches gilt natürlich für Firmen-Rechner im umgekehrten Fall.

Deutschland – Überwachungsstaat ??

Handelt es sich bei Deutschland, nach allem, was wir in letzter Zeit gehört und gelesen haben, also um einen Überwachungsstaat, wie es bisher für die DDR immer nur hieß?

Die Antwort kann nur ein eindeutiges **JA** sein !! Die gleichen Dinge, die gerade Deutschland in der Vergangenheit und gar noch heute anderen **'totalitären' Staaten vorwirft**, werden hierzulande vollzogen. Worin liegt also der Unterschied? In meinen Augen liegt dieser Unterschied einzig und allein in der Ehrlichkeit. Die Anderen sind ehrlicher – **Deutschland unehrlich und scheinheilig**, da es immer nur auf den Splitter im fremden Auge hinweist. Dabei stellen Politik und ihre Lakaien es auch noch derart dumm an, dass sie unmöglich behaupten können, dies alles zum Schutz der Gesellschaft zu tun, sondern es wird immer offensichtlicher, dass dies nur zu ihrem eigenen Schutz sein kann, denn es ist ihnen schon seit geraumer Zeit bewusst, dass es früher oder später zu Revolutionen in Europa und somit auch Deutschland kommen **muss**. Warum sonst sollten Spezialkräfte in Israel und andernorts im Häuserkampf unterrichtet und trainiert werden müssen?

Die Scheinheiligkeit fand übrigens schon zu Zeiten der frühen BRD mit ihrer **'Bundeswehr'** statt. Die Bundes-Wehr war niemals eine reine **'Wehr'-Macht**, sondern schon immer auf Angriff ausgerichtet. Wozu sonst sollte eine Luftwaffe Tiefflüge üben? Um ihre eigenen Radare zu unterfliegen? Ich will an dieser Stelle nicht näher auf diese Dinge eingehen, doch rate ich Jedem, wachsam zu sein und nicht Geschehnisse vergangener Zeiten zu vergessen. Vorsorglich wurde ja bereits dafür gesorgt, dass man neue **'Sündenböcke'** nach Deutschland brachte, auf welche man die Wut der 'Bevölkerung' ablenken, kann, wenn die ganze Sache schief gegangen ist und man die Menschen des Landes gegeneinander aufbringt und gegeneinander hetzt, um selbst in Ruhe gelassen zu werden.

Leider klappt ein solches Unterfangen hierzulande auch immer wieder nur allzu gut. Man sieht es bereits wieder an all den **'Bösen'**, die uns von Politik und Presse suggeriert werden. Es sind da die **'bösen Russen, Türken, Nord-Koreaner, Iraner'** und so weiter und so fort. Nur die eigenen Politiker, die doch den Menschen hierzulande und im restlichen Europa langsam aber sicher jegliche Lebensgrundlage entziehen wollen, sind natürlich weiterhin die **'Guten'**, die sich um unser Wohl sorgen.

Jeder sollte in sich gehen und sich der Tatsache bewusst sein, dass es diesmal nicht so einfach werden kann, wie es früher beim Ende des Nazi-Regimes oder dem Ende des Sozialismus in der DDR war. Diesmal kann sich Niemand darauf berufen, nichts gewusst zu haben. In Zeiten des Internet hat Jeder die Möglichkeit, sich andernorts als bei der deutschen **'Lügenpresse'** zu informieren, um den Realitäten ins Auge zu sehen.

Der Autor

'Herr Meier' hat eigentlich alles, was er weiß, von Frau Meier gelernt – und Frau Meier ist in Wahrheit ein Mann. Wer mehr wissen möchte, möge den Dachdecker seines Vertrauens fragen, denn hier wissen Arzt und Apotheker auch nicht Bescheid...

Überwachungswahn

Herr Meier